Heiße Drinks
für kalte Tage

herausgegeben von Sabine Lemb

Kräftige Punsche, belebende Glühweine, aromatische Kaffees und cremige Kakaos – überraschen Sie Ihre Familie oder Ihre Freunde in der kalten Jahreszeit mit heißen Drinks, die Herz und Körper verwöhnen. Probieren Sie aus, wie Sie mit wenigen Zutaten klassische, ausgefallene oder alkoholfreie Drinks zaubern können.

Inhalt

Alle Rezepte auf einen Blick

Warmes für kalte Tage

Was gibt es Schöneres, als im Winter, wenn es draußen schneit und stürmt, in der Stube zu sitzen und sich mit einem aromatisch-heißen Getränk zu wärmen! Mit einem fruchtigen Punsch, einem kräftigen Grog oder süßem Glühwein, einer würzigen Kaffeespezialität oder einem dampfenden Kakao.

Eines der wohl begehrtesten und verbreitetsten Getränke für die kalte Jahreszeit ist der Grog. Er geht auf einen Befehl des englischen Admirals Vernon aus dem Jahr 1740 zurück. Er verbot seinen Matrosen, ihren Rum pur zu trinken, vielmehr sollten sie ihn mit Zucker und Wasser mischen ... Auch heute noch ist der Grog ein Gemisch aus Spirituose, heißem Wasser und etwas Zucker. Der bekannteste Grog ist nach wie vor der Rum-Grog, aber auch Wein, Arrak, Weinbrand, Whisky und Calvados sind gern verwendete Grog-Beigaben.

Heißer Punsch kann fruchtige Zutaten haben, z. B. in Form von reinem Saft, abgeriebenen Obstschalen oder frischen Obststücken. Aber auch aromatische Gewürze wie Zimtpulver oder Gewürznelken sind beliebte Ergänzungen. Punsch besteht meist aus Spirituosen mit Wasser oder Tee, aus Spirituosen und Wein oder nur aus erhitztem Wein. Es gibt auch alkoholfreien Punsch auf Fruchtbasis mit oder ohne Gewürzzugaben. Punsch wird am besten in spezifisch geformten, feuerfesten Gläsern serviert. (Tipps zum Kochen von Punsch siehe rechts).

Auch der Glühwein ist ein belebendes Getränk für die kalte Jahreszeit. Er wird wahlweise mit rotem oder weißem Wein zuberei-tet. Der Wein wird mit Zucker und Gewürzen unter ständigem Rühren erhitzt und in leicht vorgewärmten Gläsern serviert. Die Gewürze werden vor dem Servieren wieder herausgenommen. Ganz wichtig: Der Glühwein darf nie mit Wasser aufgefüllt werden.

Dass Kaffee als anregendes Getränk zum Frühstück oder am Nachmittag einen besonderen Genuss bietet, ist längst bekannt. Immerhin wurde bereits 1677 in Hamburg das erste Kaffeehaus Deutschlands eröffnet. Kaffee kann aber auch ein Abendessen abrunden oder ein gemütliches Zusammensein beschließen. Es gibt die verschiedensten Methoden der Kaffeezubereitung. Die Rezepte in diesem Buch sollen einen Eindruck davon vermitteln, wie vielseitig Kaffee ist.

Das gilt übrigens auch für den Kakao. Neben der feinen Trinkschokolade und dem klassischen Kakao gibt es verführerische Rezepte mit und ohne Alkohol, die Sie und Ihre Gäste begeistern werden – ganz besonders in der kalten, tristen Jahreszeit.

Punsch kochen

$3/4$ l Wasser zum Kochen bringen und 250 g Zucker darin unter Rühren auflösen. 1 l Spirituose, beispielsweise Arrak, Wein oder Rum, und abgeriebene Schale von 1 unbehandelten Zitrone dazugeben und alles unter ständigem Rühren erhitzen. Nicht kochen lassen. Das Getränk auf Punschgläser verteilen und sofort heiß servieren.

Die Rezepte

Punsch Royal

- alkoholfrei
- schnell
- lieblich
- für Kids
- + klassisch
- ausgefallen
- Glücksdrink

Zutaten

Saft von 2 Orangen · Saft von
3 Zitronen · 100 g Zucker · abgeriebene Schale von 2 unbehandelten Zitronen · $^3/_4$ l Weißwein
$^1/_4$ l weißer Rum · 4 unbehandelte Orangenscheiben

Für ca. 8 Gläser
Zubereitungszeit: ca. 10 Min.
Zeit zum Ziehen: ca. 2 Std.

1 Orangen- und Zitronensaft, Zucker, Zitronenschale und Weißwein mit $^1/_4$ l Wasser
verrühren. Diese Mischung zugedeckt
1–2 Stunden ziehen lassen.

2 Den Punsch erhitzen, aber nicht kochen
lassen, und den Rum dazugießen. Den
Punsch auf die Gläser verteilen. Die Orangenscheiben halbieren und an jedes Glas
eine Scheibenhälfte stecken.

Fruchtpunsch

- alkoholfrei
- + schnell
- lieblich
- für Kids
- klassisch
- + ausgefallen
- Glücksdrink

1 Den Arrak zusammen mit dem Obst unter
Rühren kurz erhitzen, aber nicht kochen
lassen.

2 Den Weißwein dazugeben und alles erneut erhitzen. Zum Schluss Cognac und
Sekt dazugießen.

Zutaten

$^1/_4$ l Arrak · 300 g frisches Obst,
gewürfelt (z. B. Pfirsich, Birne,
Apfel, Orange)
1 Flasche Weißwein · 5 cl Cognac ·
$^1/_4$ l Sekt

Für ca. 8 Gläser
Zubereitungszeit: ca. 10 Min.

Tipp
Verwenden Sie für
diesen Punsch halb-
trockenen Weißwein
und halbtrockenen
Sekt, dann schmeckt
er süßlich-fruchtig.

Erdbeerpunsch

- alkoholfrei
- schnell
- lieblich
- für Kids
- klassisch
- ausgefallen
- Glücksdrink

Zutaten

500 g geputzte frische Erdbeeren · 250 g Zucker · Saft von
1 Zitrone · $\frac{1}{4}$ l Orangensaft

Für ca. 8 Gläser
Zubereitungszeit: ca. 20 Min.
Zeit zum Ziehen: ca. 3 Std.

1 Zuerst 4 Erdbeeren beiseite legen. Die
restlichen Erdbeeren in $\frac{1}{8}$ l Wasser etwa
10 Minuten köcheln lassen. Das Kompott
zusammen mit Zucker, Zitronensaft und
Orangensaft zugedeckt 3 Stunden durch-
ziehen lassen.

2 Etwa 1 l Wasser hinzugeben und alles
durch ein Sieb passieren. Die beiseite-
gelegten Erdbeeren halbieren und eine
Erdbeerhälfte in jedes Glas geben. Den
heißen Punsch sofort servieren.

Heiße Früchtchen

- alkoholfrei
- schnell
- lieblich
- für Kids
- klassisch
- ausgefallen
- Glücksdrink

1 Trauben-, Orangen- und Zitronensaft in
einem großen Topf vermischen. Die Zitronenschale hinzufügen.

2 Den Saft bis kurz unter den Siedepunkt
erhitzen, dabei nach und nach unter
Rühren nach Belieben Zucker hinzugeben.
Nicht kochen. Heiß servieren.

Zutaten

1 $\frac{1}{4}$ l roter Traubensaft · Saft von
2 Orangen · Saft von 1 Zitrone ·
abgeriebene Schale von $\frac{1}{2}$ unbehandelten Zitrone
Zucker nach Belieben

Für ca. 8 Gläser
Zubereitungszeit: ca. 10 Min.

Betörende Früchtchen

Saftpunsch

- ➕ alkoholfrei
- ➖ schnell
- ➕ lieblich
- ➕ für Kids
- ➕ klassisch
- ➖ ausgefallen
- ➖ Glücksdrink

1 Alle Zutaten zusammen etwa ¹/₂ Stunde zugedeckt ziehen lassen. Den Punsch erhitzen, aber nicht kochen lassen.

2 Die Nelken und die Zimtstange wieder entfernen, den Punsch noch einmal kurz umrühren und in heiße Gläser mit Zuckerrand geben.

Zutaten
Saft von 3 Orangen · Saft von 3 Grapefruits · Saft von 1 Zitrone · 1 Flasche Apfelsaft · 2 Gewürznelken · 100 g Zucker · 1 Zimtstange

Für ca. 8 Gläser
Zubereitungszeit: ca. 45 Min.
Zeit zum Ziehen: ca. 30 Min.

Good-Night-Punch

- ➕ alkoholfrei
- ➖ schnell
- ➖ lieblich
- ➕ für Kids
- ➖ klassisch
- ➕ ausgefallen
- ➕ Glücksdrink

Zutaten
1 l Malzbier · 3 EL Honig · 2 TL Orangensirup 1 Msp. weißer Pfeffer · 1 Prise Nelkenpulver · 1 Zimtstange

Für ca. 8 Gläser
Zubereitungszeit: ca. 10 Min.
Zeit zum Ziehen: ca. 12 Std.

1 Am Vortag das Malzbier mit dem Honig und dem Sirup unter ständigem Rühren erhitzen, aber nicht kochen lassen.

2 Die Gewürze in ein Leinensäckchen geben, in die Flüssigkeit hängen und alles über Nacht ziehen lassen. Vor dem Servieren das Säckchen entfernen und den Punsch erhitzen.

Betörende Früchtchen

Sektpunsch

- alkoholfrei
- schnell
- lieblich
- für Kids
- klassisch
- **ausgefallen**
- Glücksdrink

Zutaten
5 unbehandelte Zitronenscheiben · 10 cl Cognac · Zucker nach Belieben · 350 ml Mineralwasser je 350 ml Weißwein und Sekt

Für ca. 8 Gläser
Zubereitungszeit: ca. 15 Min.

1 Die Zitronenscheiben mit dem Cognac übergießen und kurz ziehen lassen. Etwas Zucker unter Rühren im Mineralwasser auflösen und ebenfalls hinzugießen.

2 Den Weißwein angießen und alles erhitzen, aber nicht kochen lassen. Vor dem Servieren den Sekt dazugießen.

Tipp
Noch aromatischer wird der Punsch, wenn Sie die abgeriebene Schale von 1 Zitrone und von 1 Orange hinzufügen. Beide sollten unbehandelt sein.

American Punch

- alkoholfrei
- **schnell**
- lieblich
- für Kids
- klassisch
- **ausgefallen**
- Glücksdrink

1 Alle Zutaten zusammen in einem Topf erhitzen und bei mittlerer Hitze etwa 5 Minuten ziehen lassen. Teebeutel und Nelken entfernen.

2 Inzwischen 4 Punschgläser leicht vorwärmen und den Punsch in die Gläser geben. Sofort servieren.

Zutaten
16 cl Madeira · 8 cl brauner Rum · 4 TL Zucker · 4 unbehandelte Zitronenscheiben · 1 Gewürznelke · 4 Teebeutel schwarzer Tee

Für ca. 4 Gläser
Zubereitungszeit: ca. 10 Min.

Betörende Früchtchen

Feuerzangenbowle

● alkoholfrei

● schnell

● lieblich

● für Kids

● klassisch

● ausgefallen

● Glücksdrink

Zutaten
Saft von 2 Orangen · Saft von
1 Zitrone · 1 $1/4$ l Rotwein ·
1 Zimtstange · 6 Gewürznelken
1 Zuckerhut · 350 ml brauner
Rum (54 Vol.-%)

Für ca. 14 Gläser
Zubereitungszeit: ca. 15 Min.

1 Orangen- und Zitronensaft mit dem Wein und den Gewürzen in einem großen Topf erhitzen, aber nicht kochen lassen. Alles in einen Feuerzangenbowletopf umgießen.

2 Den Zuckerhut auf die Zuckerhutzange legen und diese über das Bowlegefäß legen. Den Zuckerhut mit etwas Rum tränken und anzünden.

3 Mit einer Schöpfkelle nach und nach weiteren Rum über den Zuckerhut gießen, bis dieser ganz geschmolzen ist. Die heiße Bowle umrühren und servieren.

Rumpunsch

● alkoholfrei

● schnell

● lieblich

● für Kids

● klassisch

● ausgefallen

● Glücksdrink

1 Den Zitronensaft mit dem Rum, dem Rotwein und dem Zucker unter Rühren erhitzen, bis sich der Zucker aufgelöst hat.

2 Die Mischung nicht kochen lassen. Kurz vor dem Servieren den Weißwein hinzugeben und dann den Punsch in Gläsern mit Zuckerrand servieren.

Zutaten
Saft von 3 Zitronen ·
300 ml brauner Rum ·
300 ml Rotwein · 350 g Zucker
1 Flasche halbtrockener
Weißwein

Für ca. 8 Gläser
Zubereitungszeit: ca. 15 Min.

Betörende Früchtchen

Eiszeitpunsch

- alkoholfrei
- schnell
- lieblich
- für Kids
- klassisch
- **+ ausgefallen**
- Glücksdrink

Zutaten

1 unbehandelte Orange
3 Ananasringe aus der Dose ·
Saft von 2 Orangen · 1 $\frac{1}{2}$ Flaschen Rotwein · $\frac{1}{8}$ l brauner
Rum · 100 g Zucker · 1 P. Vanillezucker

Für ca. 8 Gläser
Zubereitungszeit: ca. 25 Min.

Tipp
Zusätzlich können Sie den Punsch wie auf dem Coverfoto abgebildet mit einer halben Zimtstange und Sternanis würzen.

1 Die Schale der Orange spiralförmig abschälen, die weiße Haut an der Frucht sorgfältig entfernen und das Fruchtfleisch in dünne Scheiben schneiden.

2 Die Ananasringe abtropfen lassen und den Saft dabei auffangen. Die Ringe klein schneiden. Das Obst mit $\frac{1}{8}$ l Ananassaft sowie den restlichen Zutaten unter Rühren erhitzen. Nicht kochen lassen.

3 Den Punsch in Gläser mit Zuckerrand füllen und die Ränder zusätzlich mit je einer Schalenspirale dekorieren.

Scottish Grog

- alkoholfrei
- schnell
- lieblich
- für Kids
- **+ klassisch**
- ausgefallen
- Glücksdrink

1 Zunächst 4 dekorative Groggläser oder 4 große Tassen mit kochendem Wasser auffüllen.

2 Zucker, Zitronensaft und Whisky-Honig-Likör dazugeben, alles sofort verrühren und heiß servieren.

Zutaten

etwa 8 TL Zucker (je nach Geschmack) · 8 cl Zitronensaft ·
20 cl Whisky-Honig-Likör (z. B. Drambuie)

Für ca. 4 Gläser
Zubereitungszeit: ca. 15 Min.

Tipp
Hübsch machen sich als Dekoration Zitronenscheiben an den Glasrändern.

Betörende Früchtchen

Kaiserpunsch

● alkoholfrei

● schnell

● lieblich

● für Kids

● klassisch

● ausgefallen

● Glücksdrink

1 Den Zucker in $1/4$ l Wasser geben und unter Rühren erhitzen. Wein und Rum dazugeben und erneut erhitzen, aber nicht kochen lassen.

2 Ein brennendes Streichholz an die Flüssigkeit halten und den Alkohol abbrennen. Den Zitronensaft dazugeben und umrühren.

Zutaten

125 g Zucker · 1 Flasche trockener Weißwein · 175 ml weißer oder brauner Rum (54 Vol.-%) Saft von 1 Zitrone

Für ca. 8 Gläser
Zubereitungszeit: ca. 10 Min.

Fruchtiger Grog

● alkoholfrei

● schnell

● lieblich

● für Kids

● klassisch

● ausgefallen

● Glücksdrink

Zutaten

$1/2$ l Arrak · 200 g Zucker · Saft von 5 Zitronen

Für ca. 8 Gläser
Zubereitungszeit: ca. 10 Min.

1 Arrak, Zucker und Zitronensaft unter Rühren erhitzen, aber nicht kochen lassen.

2 Dann $1/2$ l heißes Wasser dazugeben, den Grog erneut kurz erhitzen und sofort in Groggläsern servieren.

Tipp
Sie können die Gläser auch zusätzlich mit Zitronenschalenspiralen garnieren.

Betörende Früchtchen

Kanada-Grog

- ⊖ alkoholfrei
- ⊕ schnell
- ⊖ lieblich
- ⊖ für Kids
- ⊖ klassisch
- ⊕ ausgefallen
- ⊖ Glücksdrink

Zutaten

16 cl Canadian Whisky · Saft von
2 Zitronen · 12 EL Ahornsirup ·
400 ml heißes Wasser
2 unbehandelte Zitronen-
scheiben

Für ca. 4 Gläser
Zubereitungszeit: ca. 10 Min.

1 Whisky, Zitronensaft und Ahornsirup verrühren. 400 ml heißes Wasser dazugießen und umrühren.

2 Die Zitronenscheiben und den Grog auf
4 Gläser verteilen und diese mit halben
Zitronenscheiben garnieren. Den Grog sofort servieren.

Variation
Statt des Ahornsirups
können Sie auch kla-
ren Honig verwenden.

Skandinavischer Punsch

- ⊖ alkoholfrei
- ⊕ schnell
- ⊖ lieblich
- ⊖ für Kids
- ⊕ klassisch
- ⊖ ausgefallen
- ⊖ Glücksdrink

1 Zuerst $1/2$ l Wasser zum Kochen bringen
und den Zucker darin unter Rühren auflösen. Den Arrak dazugeben und alles unter
ständigem Rühren auf kleiner Stufe so lange kochen, bis es wie Sirup von der Rühr-
kelle tropft.

2 Den Punsch vor dem Servieren mit dem
Weißwein verdünnen, alles gut verrühren
und sofort heiß servieren.

Zutaten

175 g Zucker · $3/4$ l Arrak
80 ml Weißwein

Für ca. 8 Gläser
Zubereitungszeit: ca. 10 Min.

Betörende Früchtchen

Nordischer Punsch

- alkoholfrei
- + schnell
- lieblich
- für Kids
- + klassisch
- ausgefallen
- Glücksdrink

1 Zitronenschale, Wein, Tee und Zucker unter Rühren erhitzen, aber nicht kochen lassen.

2 Kurz vor dem Servieren den Cognac, eventuell etwas angewärmt, dazugießen.

Zutaten

abgeriebene Schale von $1/4$ unbehandelten Zitrone · $1/2$ Flasche roter Burgunder · 90 ml Portwein · $1/8$ l starker schwarzer Tee · 125 g Zucker

90 ml Cognac

Für ca. 8 Gläser
Zubereitungszeit: ca. 5 Min.

Klabautermanns Punsch

- alkoholfrei
- schnell
- lieblich
- für Kids
- + klassisch
- ausgefallen
- Glücksdrink

Zutaten

1 TL Butter · 150 g Zucker

1 Flasche Portwein · 300 ml Arrak

Für ca. 8 Gläser
Zubereitungszeit: ca. 15 Min.

1 Die Butter in einer Pfanne erhitzen und den Zucker darin hellbraun karamellisieren lassen. Den Karamell leicht abkühlen, aber nicht erkalten lassen.

2 Portwein, Arrak, 300 ml Wasser und Karamellzucker unter Rühren erhitzen, bis sich der Zucker aufgelöst hat. Nicht kochen lassen.

Tipp
Wählen Sie eine der bekannten Arraksorten, wie z. B. Batavia-Arrak aus Java oder Goa-Arrak aus Ostindien. Diese Sorten sind in gut sortierten Spirituosenabteilungen der Supermärkte erhältlich.

Betörende Früchtchen

Seehund-Glühwein

- alkoholfrei
- **schnell**
- **lieblich**
- für Kids
- klassisch
- **ausgefallen**
- Glücksdrink

Zutaten

4 EL Rosinen · 16 cl weißer Rum
4 EL Zucker · 20 cl Weißwein ·
4 Stücke unbehandelte Zitronenschale · 1 Prise Salz

Für ca. 4 Gläser
Zubereitungszeit: ca. 10 Min.

1 Die Rosinen in dekorativen Gläsern mit dem Rum begießen und kurz quellen lassen.

2 Zucker, Weißwein, Zitronenschale und Zimt zusammen erhitzen, aber nicht kochen lassen. Den Glühwein in die Gläser geben.

Weißer Glühwein

- alkoholfrei
- **schnell**
- lieblich
- für Kids
- **klassisch**
- ausgefallen
- Glücksdrink

1 Wein, Zucker und Nelke zusammen erhitzen, aber nicht kochen lassen. Den Glühwein in die Gläser sieben.

2 Je eine Orangenscheibe an den Glasrand stecken.

Zutaten

1 Flasche Weißwein · 10 Stücke
Kandiszucker · 1 Gewürznelke
4 unbehandelte Orangen-
scheiben

Für ca. 4 Gläser
Zubereitungszeit: ca. 10 Min.

Tipp
Für Kinder bereiten Sie den „Glühwein" so zu: Ersetzen Sie den Weißwein durch Apfelsaft und die Gewürznelke durch die abgeriebene Schale von 1 Zitrone.

Betörende Früchtchen

Kaffee-Portwein-Punsch

- ⊖ alkoholfrei
- ⊕ schnell
- ⊖ lieblich
- ⊖ für Kids
- ⊖ klassisch
- ⊕ ausgefallen
- ⊖ Glücksdrink

Zutaten
$^1/_2$ l heißer starker Kaffee ·
$^1/_4$ l weißer Portwein · $^1/_4$ l Rum ·
Kandis- oder Würfelzucker nach
Belieben

Für ca. 8 Gläser
Zubereitungszeit: ca. 10 Min.

1 Den Kaffee mit dem Portwein und dem Rum erhitzen, aber nicht kochen. Unter ständigem Rühren Kandis bzw. Würfelzucker hinzufügen und so lange rühren, bis sich der Zucker aufgelöst hat.

2 Den Kaffee-Portwein-Punsch in dekorative Gläser füllen und sofort heiß servieren.

Café Drambuie

- ⊖ alkoholfrei
- ⊕ schnell
- ⊕ lieblich
- ⊖ für Kids
- ⊕ klassisch
- ⊖ ausgefallen
- ⊕ Glücksdrink

1 Den Whisky-Honig-Likör und den Zucker in Coffee-Gläsern oder großen Tassen verrühren.

2 Die Tassen bzw. Gläser zu drei Viertel mit Kaffee auffüllen und jeweils mit einem Sahnehäubchen krönen. Nach Belieben Schokoladenraspel darauf geben.

Zutaten
8 cl Whisky-Honig-Likör (z. B. Drambuie) · Zucker nach Belieben
400 ml heißer starker Kaffee ·
4 EL geschlagene Sahne · Schokoladenraspel nach Belieben

Für ca. 4 Gläser oder Tassen
Zubereitungszeit: ca. 10 Min.

Galliano Hot Shot

- alkoholfrei
- **schnell**
- lieblich
- für Kids
- klassisch
- **ausgefallen**
- Glücksdrink

Zutaten

8 cl Galliano · 8 cl heißer Kaffee

8 cl leicht geschlagene Sahne

Für ca. 4 Gläser
Zubereitungszeit: ca. 5 Min.

1 Den Galliano in 4 große Schnapsgläser geben. Den Kaffee vorsichtig über einen Löffel eingießen.

2 Zum Schluss die Sahne langsam über den Kaffee gleiten lassen und sofort servieren.

Galliano
Er ist einer der bekanntesten italienischen Liköre. Etwa 70 verschiedene Kräuter und Pflanzenauszüge verleihen dem goldgelben Likör sein spezielles Aroma. Sein Alkoholgehalt liegt bei 35 Vol.-%.

Pharisäer

- alkoholfrei
- **schnell**
- lieblich
- für Kids
- **klassisch**
- ausgefallen
- Glücksdrink

Zutaten

8 Stücke Würfelzucker ·
16 cl brauner Rum ·
4 Tassen heißer Kaffee
4 EL leicht geschlagene Sahne

Für ca. 4 Gläser
Zubereitungszeit: ca. 5 Min.

1 Den Würfelzucker mit dem Rum in vorgewärmte Becher geben, mit heißem Kaffee auffüllen und umrühren.

2 Die geschlagene Sahne auf den Kaffee fließen lassen und die Pharisäer sofort servieren.

Rüdesheimer Kaffee

- alkoholfrei
- schnell
- lieblich
- für Kids
- **klassisch**
- ausgefallen
- Glücksdrink

Zutaten
16 cl Weinbrand (z. B. Asbach Uralt) · 12 Stücke Würfelzucker · heißer Kaffee zum Auffüllen
mit Vanille abgeschmeckte geschlagene Sahne nach Belieben · 8 TL Schokoladenraspel

Für ca. 4 Tassen
Zubereitungszeit: ca. 15 Min.

1 Den Weinbrand erwärmen und mit dem Würfelzucker in vorgewärmte Tassen geben. Den Weinbrand abbrennen und mit heißem Kaffee unter Rühren löschen.

2 Je eine Sahnehaube auf den Kaffee geben, mit Schokoladenraspeln garnieren und sofort servieren.

Swiss Coffee

- alkoholfrei
- **schnell**
- lieblich
- für Kids
- klassisch
- **ausgefallen**
- Glücksdrink

1 Kirsch und Zucker in Kaffeegläsern erwärmen. Den heißen Kaffee dazugeben und gut umrühren.

2 Die geschlagene Sahne über einen Löffel auf den Kaffee fließen lassen und den Swiss Coffee sofort servieren.

Zutaten
16 cl Kirsch · 8 TL brauner Zucker · 4 Tassen heißer Kaffee
4 EL leicht geschlagene Sahne

Für ca. 4 Gläser
Zubereitungszeit: ca. 10 Min.

Café Brûlot

- alkoholfrei
- **schnell**
- lieblich
- für Kids
- klassisch
- **ausgefallen**
- Glücksdrink

Zutaten

16 cl Cognac · 4 Tassen starker Kaffee · 1 Stück Zimtstange · 8 Gewürznelken · 4 Stücke unbehandelte Orangenschale · 4 Stücke unbehandelte Zitronenschale · Zucker nach Belieben

Für ca. 4 Gläser
Zubereitungszeit: ca. 10 Min.

1 Alle Zutaten für den Punsch zusammen unter Rühren erwärmen, aber nicht kochen lassen.

2 Den Café Brûlot in vier Gläser sieben und sofort heiß servieren.

Irish Coffee

- alkoholfrei
- **schnell**
- lieblich
- für Kids
- **klassisch**
- ausgefallen
- **Glücksdrink**

1 Irish Whiskey, Zucker und Kaffee in 4 vorgewärmte Kaffeegläser geben. Die Mischung gut verrühren.

2 Mit einem Esslöffel je eine Haube aus leicht geschlagener Sahne auf den Kaffee setzen.

Zutaten

16 cl Irish Whiskey · 8 TL brauner Zucker · 4 Tassen heißer Kaffee leicht geschlagene Sahne

Für ca. 4 Gläser
Zubereitungszeit: ca. 5 Min.

Tipp
Irish Coffee soll an kalten Tagen Herz und Körper erwärmen. Diese Kaffeespezialität wirkt zudem anregend und empfiehlt sich als krönender Abschluss eines Menüs.

Wintertee

- alkoholfrei
- schnell
- lieblich
- für Kids
- klassisch
- ausgefallen
- Glücksdrink

Zutaten

150 g Honig · $\frac{1}{2}$ l heißer schwarzer Tee · Saft von 1 Zitrone · Saft von 1 Orange · 150 ml Orangensirup · 1 TL Zimtpulver

125 g geschlagene Sahne

Für ca. 4 Gläser
Zubereitungszeit: ca. 10 Min.

1 Den Honig im Tee unter Rühren auflösen. Zitronen- und Orangensaft, Orangensirup sowie Zimt hinzugeben.

2 Die Mischung in einem Topf unter Rühren erhitzen, aber nicht kochen lassen. Das Getränk in hitzebeständige Gläser füllen und jedes Glas mit einer Sahnehaube garnieren.

Ingwertee

- alkoholfrei
- schnell
- lieblich
- für Kids
- klassisch
- ausgefallen
- Glücksdrink

Zutaten

1 Ingwerwurzel · 125 g Zucker · 2 Gewürznelken

1 Flasche Orangensaft · Saft von 1 Zitrone · $\frac{1}{2}$ l heißer, starker schwarzer Tee

Für ca. 4 Gläser
Zubereitungszeit: ca. 20 Min.

1 Die Ingwerwurzel schälen, würfeln und mit $\frac{1}{4}$ l Wasser, dem Zucker und den Nelken etwa 10 Minuten köcheln lassen, bis ein Sirup entsteht.

2 Orangensaft, Zitronensaft und Tee mischen. Den Ingwersirup durch ein Sieb gießen und in den Punsch geben. Eventuell den Tee nachsüßen.

Spanischer Teepunsch

- alkoholfrei
+ schnell
- lieblich
- für Kids
- klassisch
+ ausgefallen
- Glücksdrink

Zutaten

8 cl Grand Marnier ·
8 cl spanischer Brandy ·
$^1/_4$ l brauner Rum · 1 l heißer
schwarzer Tee
Zucker nach Belieben

Für ca. 4 Gläser
Zubereitungszeit: ca. 5 Min.

1 Grand Marnier, Brandy, Rum und Tee
in einem Topf erhitzen, aber nicht kochen
lassen.

2 Den Spanischen Teepunsch nach Belieben mit Zucker süßen und sofort
servieren.

Sherry-Tee-Punsch

- alkoholfrei
+ schnell
- lieblich
- für Kids
- klassisch
+ ausgefallen
- Glücksdrink

1 Den weißen Kandiszucker im heißen
schwarzen Tee unter ständigem Rühren
auflösen.

2 Sherry, Arrak, Zitronensaft und -schale
hinzugeben und alles erhitzen, aber
nicht kochen lassen. Vor dem Servieren die
Zitronenschale entfernen.

Zutaten

100 g weißer Kandiszucker ·
$^1/_2$ l heißer, starker schwarzer Tee
$^1/_2$ l Sherry · $^1/_4$ l Arrak · Saft und
abgeriebene Schale von 1 unbehandelten Zitrone

Für ca. 8 Gläser
Zubereitungszeit: ca. 10 Min.

Mitternachtstee

- alkoholfrei
- schnell
- lieblich
- für Kids
- klassisch
- **+ ausgefallen**
- Glücksdrink

Zutaten
$3/4$ l heißer schwarzer Tee ·
Saft von 6 Orangen · Saft von
1 Zitrone · $1/4$ l Rum · 1 Schuss
Weinbrand
Zucker nach Belieben

Für ca. 8 Gläser
Zubereitungszeit: ca. 15 Min.

1 Den Tee mit dem Orangen- und dem Zitronensaft sowie dem Rum und dem Weinbrand mischen.

2 Etwas Zucker hinzugeben und alles erhitzen, bis sich der Zucker aufgelöst hat. Nicht kochen.

Tipp
Noch aromatischer wird das Getränk, wenn Sie die abgeriebene Schale von 1 Orange und 1 Zitrone hinzufügen, Beide Zitrusfrüchte sollten unbehandelt sein.

Boston-Tea-Punch

- alkoholfrei
- **+ schnell**
- lieblich
- für Kids
- klassisch
- **+ ausgefallen**
- Glücksdrink

1 Tee, Rum, Curaçao und Zucker unter Rühren erhitzen, bis sich der Zucker aufgelöst hat. Nicht kochen lassen.

2 Den Punsch in vorgewärmte Gläser füllen. Die Zitronenscheiben mit je einer Nelke spicken und auf die Gläser verteilen.

Zutaten
$3/4$ l schwarzer Tee · $1/2$ l brauner
Rum · 60 ml Curaçao Triple sec ·
Zucker nach Belieben
4 dünne Zitronenscheiben ·
4 Gewürznelken

Für ca. 4 Gläser
Zubereitungszeit: ca. 5 Min.

Japanischer Punsch

- alkoholfrei
- **schnell**
- lieblich
- für Kids
- klassisch
- **ausgefallen**
- Glücksdrink

1 Den Tee mit Zucker, Zitronenschale, Wein und Arrak unter Rühren erhitzen, bis sich der Zucker aufgelöst hat.

2 Den Punsch auf die Gläser verteilen und dann sofort servieren.

Zutaten

$1/4$ l heißer grüner Tee · 125 g Zucker · abgeriebene Schale von 1 unbehandelten Zitrone · 1 Flasche Moselwein · 350 ml Arrak

Für ca. 8 Gläser
Zubereitungszeit: ca. 5 Min.

Grüner Tee
Er ist das Nationalgetränk Japans. Grüner Tee ist unfermentiert und hat eine leicht belebende Wirkung.

Hawaiipunsch

- alkoholfrei
- schnell
- lieblich
- für Kids
- klassisch
- **ausgefallen**
- Glücksdrink

Zutaten

1 TL Butter · 150 g Zucker · 200 g Ananaswürfel aus der Dose $1/4$ l heißer, starker schwarzer Tee · $1/8$ l Arrak · 7 cl Madeira · 1 Flasche Muskateller

Für ca. 8 Gläser
Zubereitungszeit: ca. 25 Min.

1 Die Butter in der Pfanne erhitzen und den Zucker darin goldbraun karamellisieren. Den Karamellzucker etwas abkühlen, aber nicht fest werden lassen. Die Ananaswürfel abtropfen lassen, den Saft dabei auffangen.

2 Den Tee mit Karamellzucker, Arrak, Madeira, Muskateller, 75 ml Ananassaft und den Ananasstücken unter Rühren erhitzen, aber nicht kochen lassen. Heiß servieren.

Chocolat Klaus

- ● alkoholfrei
- ● schnell
- ● lieblich
- ● für Kids
- ● klassisch
- ● ausgefallen
- ● Glücksdrink

Zutaten

400 g halbbittere Schokolade ·
1 l Milch
10 frische Eigelbe · 250 g Zucker

Für ca. 4 Tassen
Zubereitungszeit: ca. 15 Min.

1 Die Schokolade fein reiben und unter ständigem Rühren mit der Milch aufkochen. So lange rühren, bis die Schokolade ganz geschmolzen ist.

2 Die Eigelbe mit dem Zucker schaumig rühren und unter ständigem Schlagen mit dem Schneebesen in die kochende Milch gießen. Die Schokolade auf 4 Tassen verteilen und sofort servieren.

Mandel-Schoko-Traum

- ● alkoholfrei
- ● schnell
- ● lieblich
- ● für Kids
- ● klassisch
- ● ausgefallen
- ● Glücksdrink

1 Den Kakao stark erhitzen. Den Ingwer in ein hitzebeständiges Gefäß geben und mit dem kochend heißen Kakao übergießen. Den Honig darin auflösen und alles etwa $1/2$ Stunde ziehen lassen.

2 Den Kakao durch ein feines Sieb abgießen, mit dem Mandelsirup aromatisieren und erneut kurz erhitzen.

3 Den Drink in 4 dekorative Becher gießen, jeweils mit einer Sahnehaube krönen und mit Schokoladenpulver bestäuben.

Zutaten

1 l Kakao · 4 TL fein gehackter kandierter Ingwer · 10 TL flüssiger Honig
8 cl Mandelsirup
steif geschlagene Sahne und Schokoladenpulver nach Belieben

Für ca. 4 Gläser
Zubereitungszeit: ca. 45 Min.

Zart schmelzende Schokoträume

Feine Trinkschokolade

- alkoholfrei
- schnell
- lieblich
- für Kids
- klassisch
- ausgefallen
- Glücksdrink

Zutaten
1 l Milch · 1 Vanilleschote
100 g edelbittere Schokolade ·
30 g Zucker · 4 EL Schlagsahne ·
etwas Kakaopulver

Für ca. 4 Gläser
Zubereitungszeit: ca. 20 Min.

1 Die Milch mit der Vanilleschote kurz aufkochen lassen. Die Schote wieder herausnehmen, längs aufschlitzen, das Mark herausschaben und in die Milch geben.

2 Die Schokolade zerbröckeln, in einem Topf mit etwas Milch zerlassen und mit dem Zucker in die heiße Milch rühren. Die Trinkschokolade auf 4 Gläser verteilen und mit der Schlagsahne und etwas Kakaopulver garnieren.

Feurige Schokolade

- alkoholfrei
- schnell
- lieblich
- für Kids
- klassisch
- ausgefallen
- Glücksdrink

1 Die Milch mit der Vanilleschote kurz aufkochen lassen. Die Schote wieder herausnehmen, längs aufschlitzen, das Mark herausschaben und mit $1/4$ l Wasser verrühren.

2 Das Wasser erhitzen und die Schokolade darin zerlassen. Alles mit dem Schneebesen in die heiße Milch rühren.

3 Das Fruchtfleisch der Chilischote fein hacken und mit dem Honig und dem Salz in das Getränk rühren. Die Schokolade auf 4 Tassen verteilen und sofort servieren.

Zutaten
$3/4$ l Milch · 1 Vanilleschote
1 $1/2$ Tafeln dunkle Schokolade
$1/2$ Chilischote, ohne Samen ·
3 EL Honig · 1 Prise Salz

Für ca. 4 Tassen
Zubereitungszeit: ca. 20 Min.

Zart schmelzende Schokoträume

Klassischer Kakao

- alkoholfrei
- schnell
- lieblich
- für Kids
- klassisch
- ausgefallen
- Glücksdrink

1 Die Milch, bis auf 3 EL, unter Rühren aufkochen. Das Kakaopulver mit dem Zucker vermischen und mit der restlichen Milch verrühren.

2 Alles mit dem Schneebesen unter die kochende Milch schlagen. Den Kakao auf 4 Gläser verteilen und sofort heiß servieren.

Zutaten
1 l Milch · 50 g Kakaopulver · 60 g Zucker

Für ca. 4 Gläser
Zubereitungszeit: ca. 10 Min.

Kakao mit Amaretto

- alkoholfrei
- schnell
- lieblich
- für Kids
- klassisch
- ausgefallen
- Glücksdrink

Zutaten
20 g Mandelblättchen ·
1 EL Zucker · 1 l Kakao
4 cl Amaretto · 4 EL Schlagsahne

Für ca. 4 Tassen
Zubereitungszeit: ca. 15 Min.

1 Die Mandelblättchen mit dem Zucker in einem Mörser etwas zerstoßen und mit $1/4$ l Kakao etwa 3 Minuten kochen.

2 Den restlichen Kakao und den Amaretto dazugießen und alles gut verrühren. Den Kakao auf 4 Tassen verteilen und mit je 1 EL Sahne garnieren.

Tipp
Sie können den Kakao nach Belieben auch noch mit zusätzlichen Mandelblättchen garnieren.

Zart schmelzende Schokoträume

Heißer Schwede

- alkoholfrei
- schnell
- lieblich
- für Kids
- klassisch
- ⊕ ausgefallen
- ⊕ Glücksdrink

Zutaten

$^3/_4$ l Kakao · 6 cl Weinbrand ·
2 TL Zucker · 8 Gewürznelken ·
1 TL Ingwerpulver · 1 TL Kar-
damomkörner

80 g gehackte Mandeln ·
80 g Rosinen

Für ca. 8 Tassen
Zubereitungszeit: ca. 10 Min.
Zeit zum Ziehen: ca. 3 Std.

1 Kakao, Weinbrand, Zucker, Nelken, Ingwer und Kardamom vermischen, dann
erhitzen, aber nicht kochen lassen. Alles 2–
3 Stunden ziehen lassen, wieder erhitzen
und durch ein Sieb passieren.

2 In jede Tasse je 1 TL Mandeln und
Rosinen geben und das heiße Getränk
dazugießen.

Kakao Madeira

- alkoholfrei
- ⊕ schnell
- lieblich
- für Kids
- klassisch
- ⊕ ausgefallen
- Glücksdrink

1 Den Kakao mit Madeira und Zucker unter
Rühren erhitzen, aber nicht kochen lassen, bis sich der Zucker aufgelöst hat.

2 Abschließend den Weinbrand dazugeben, das Getränk umrühren und sofort servieren.

Zutaten

1 l Kakao · 350 ml Madeira ·
60 g Zucker

175 ml Weinbrand

Für ca. 8 Gläser
Zubereitungszeit: ca. 10 Min.

Madeira
Dieser goldgelbe Wein wird nur auf
der portugiesischen Insel Madeira
erzeugt. Er hat zwischen 15 und
20 Vol.-% Alkoholgehalt. Wählen
Sie für diesen Kakao einen halbtrockenen Madeira mit leichtem
Honiggeschmack.

Zart schmelzende Schokoträume

Kakao Aljoscha

● alkoholfrei

● schnell

● lieblich

● für Kids

● klassisch

● ausgefallen

● Glücksdrink

Zutaten

8 TL Zucker · 600 ml Kakao ·
4 cl brauner Rum · 8 EL Sahne
etwas geschlagene Sahne

Für ca. 8 Tassen
Zubereitungszeit: ca. 10 Min.

1 Den Zucker mit Kakao, Rum und Sahne unter Rühren erhitzen, aber nicht kochen lassen.

2 Den Drink in die Tassen füllen und zum Schluss auf jede Tasse eine Sahnehaube setzen.

Tipp
Ersetzen Sie den Rum **durch die gleiche Menge** Orangensirup, dann können auch Kinder den Kakao genießen.

Sweet Chocolat

● alkoholfrei

● schnell

● lieblich

● für Kids

● klassisch

● ausgefallen

● Glücksdrink

1 Etwa $^3/_4$ l Wasser zum Kochen bringen und den Zucker darin unter Rühren auflösen.

2 Die restlichen Zutaten dazugeben und alles noch einmal erhitzen, aber nicht kochen lassen.

Zutaten

250 g Zucker
Saft von 2 Zitronen · Saft von
7 Orangen · $^1/_8$ l Weinbrand ·
$^1/_4$ l weißer Rum · $^1/_2$ l Kakao ·
10 cl Maraschino

Für ca. 8 Gläser
Zubereitungszeit: ca. 10 Min.

Zart schmelzende Schokoträume

Kakao mit Kirschen

- alkoholfrei
- schnell
- **lieblich**
- für Kids
- klassisch
- **ausgefallen**
- Glücksdrink

Zutaten

400 g Sauerkirschen aus dem Glas

1 l Kakao · $1/_8$ l Rum · 1 TL Zimtpulver · 3 Gewürznelken · 150 g Zucker

Für ca. 4 Gläser
Zubereitungszeit: ca. 15 Min.

1 Die Kirschen abtropfen lassen und dabei den Saft auffangen. Die Kirschen mit etwa $1/_4$ l Kirschsaft erhitzen.

2 Die anderen Zutaten dazugeben, alles gut verrühren und erneut erhitzen. Die Nelken entfernen und den Kakao servieren.

Starker Brauner

- alkoholfrei
- **schnell**
- lieblich
- für Kids
- klassisch
- ausgefallen
- Glücksdrink

Zutaten

$1/_2$ l heißer Kakao · $1/_4$ l weißer Portwein · $1/_4$ l brauner Rum Kandiszucker nach Belieben

Für ca. 8 Gläser
Zubereitungszeit: ca. 10 Min.

1 Zuerst Kakao, Portwein und Rum miteinander erhitzen, aber nicht kochen lassen.

2 Nach und nach unter Rühren Kandiszucker hinzufügen und das Getränk so lange erhitzen, bis sich der Zucker aufgelöst hat.

Lieblicher Franzose

- alkoholfrei
- **schnell**
- **lieblich**
- für Kids
- klassisch
- ausgefallen
- Glücksdrink

Zutaten

12 cl Grand Marnier
4 Tassen heißer Kakao ·
etwas leicht geschlagene Sahne

Für ca. 4 Gläser
Zubereitungszeit: ca. 10 Min.

1 Den Grand Marnier in die Gläser geben und den Alkohol darin nicht zu stark erwärmen.

2 Den Kakao dazugießen, gut umrühren und die Sahne auf den Kakao fließen lassen.

Grand Marnier
Der französische Orangenlikör wird aus karibischen Bitterorangen hergestellt. Es gibt einen hellen Grand Marnier und einen roten (Grand Marnier Cordon Rouge). Für dieses Getränk können Sie beide Sorten verwenden.

Kakao Dublin

- alkoholfrei
- **schnell**
- **lieblich**
- für Kids
- **klassisch**
- ausgefallen
- Glücksdrink

1 Den Zucker in das Glas geben, den Whiskey dazugießen und alles erhitzen. Achtung: Die Mischung darf nicht zu heiß werden.

2 Den heißen Kakao dazugießen, gut umrühren und die Sahne auf den Kakao fließen lassen.

Zutaten

4 TL brauner Zucker ·
16 cl Irish Whiskey
4 Tassen heißer Kakao ·
etwas leicht geschlagene Sahne

Für ca. 4 Gläser
Zubereitungszeit: ca. 10 Min.

Zart schmelzende Schokoträume

Süßer Italiener

- alkoholfrei
- **schnell**
- **lieblich**
- für Kids
- klassisch
- **ausgefallen**
- Glücksdrink

1 Den Amaretto in dekorativen Gläsern anwärmen. Den heißen Kakao dazugießen und alles gut verrühren.

2 Zum Schluss die Sahne auf den Kakao fließen lassen und das Getränk sofort servieren.

Zutaten
12 cl Amaretto · 4 Tassen heißer Kakao
etwas leicht geschlagene Sahne

Für ca. 4 Gläser
Zubereitungszeit: ca. 10 Min.

Beschwipster Kakao

- alkoholfrei
- schnell
- lieblich
- für Kids
- klassisch
- **ausgefallen**
- Glücksdrink

Zutaten
600 ml Milch · 1 EL Kristallzucker · 100 g dunkle Schokolade (Kakaoanteil mindestens 70 %) · 1 große Prise Zimt · 1 große Prise Piment
5 EL Rum · 100 ml Calvados · abgeriebene Schale von $1/2$ unbehandelter Zitrone

Für ca. 4 Tassen
Zubereitungszeit: ca. 15 Min.

1 Milch, Zucker, Schokolade, Zimt und Piment zusammen unter ständigem Rühren erhitzen, aber nicht kochen lassen.

2 Den Topf vom Herd nehmen und die Flüssigkeit etwas abkühlen lassen. Die restlichen Zutaten unterrühren. Alles auf 4 Tassen verteilen und sofort servieren.

Zart schmelzende Schokoträume

Zart schmelzende Schokoträume

Café Chocolat

● alkoholfrei

● schnell

● lieblich

● für Kids

● klassisch

● ausgefallen

● Glücksdrink

Zutaten

4 Tassen starker Kaffee · 4 Riegel edelbittere Schokolade · 1 Prise Zimtpulver · 1 Prise Kardamom · 8 TL brauner Zucker · 8 cl Crème de Cacao weiß oder braun steif geschlagene Sahne · Schokoladenraspel

Für ca. 4 Tassen
Zubereitungszeit: ca. 15 Min.

1 Den Kaffee erhitzen, aber nicht kochen lassen, und die Schokolade darin unter Rühren schmelzen. Zimt, Kardamom, Zucker sowie Kakaolikör dazugeben und umrühren.

2 Den Drink in die Tassen gießen, mit einer Sahnehaube verzieren und einige Schokoraspel darüber streuen.

Hot Dream

● alkoholfrei

● schnell

● lieblich

● für Kids

● klassisch

● ausgefallen

● Glücksdrink

1 Eigelbe, Zucker und Honig miteinander verrühren. Kakao, Curaçao und Zimt zusammen erhitzen und mit dem Eigelbgemisch in 4 Gläser geben.

2 Die Glasränder mit den Zitronenschalen garnieren und das Getränk sofort servieren.

Zutaten

4 frische Eigelbe · 2 TL Zucker · 4 TL Honig · 40 cl Kakao · 4 Schuss Curaçao Triple sec · 1 Prise Zimtpulver 4 Stücke Zitronenschale

Für ca. 4 Gläser
Zubereitungszeit: ca. 10 Min.

Zart schmelzende Schokoträume

Alphabetisches Rezeptverzeichnis

Rezeptverzeichnis
nach Kapiteln

Abkürzungen

El = Esslöffel (gestrichen)
Tl = Teelöffel (gestrichen)
Msp. = Messerspitze
P. = Päckchen
TK-... = Tiefkühl-...
a. d. = aus der
l = Liter
ml = Milliliter
cl = Zentiliter
kcal = Kilokalorien
ca. = circa
Min. = Minute(n)
Std. = Stunde(n)
Ø = Druchmesser
°C = Grad Celsius
cm = Zentimeter

Umrechnungstabelle

1 l = 1000 ml
1 Tasse = 150 ml
1 Wasserglas = 200 ml
1 Esslöffel = 15 ml
1 Teelöffel = 5 ml

Impressum

ISBN 978-3-8094-3189-3

2. Auflage 2014
© dieser Ausgabe 2013 by Bassermann Verlag, einem Unternehmen der Verlagsgruppe Random House GmbH, 81673 München

© der Originalausgabe by FALKEN Verlag, einem Unternehmen der Verlagsgruppe Random House GmbH, 81673 München

Die Verwertung der Texte und Bilder, auch auszugsweise, ist ohne Zustimmung des Verlags urheberrechtswidrig und strafbar. Dies gilt auch für Vervielfältigungen, Übersetzungen, Mikroverfilmung und für die Verarbeitung mit elektronischen Systemen.

Umschlaggestaltung: Atelier Versen, Bad Aibling, unter Verwendung eines Motivs von © StockFood / Chris Alack
Layout: Johannes Steil, Wiesbaden
Redaktion: Dirk Katzschmann und Olaf Rappold (red.sign, Stuttgart)
Redaktion dieser Ausgabe: Birte Schrader

Herstellung: Ramona Burkart und red.sign, Stuttgart
Herstellung dieser Ausgabe: Elke Cramer
Rezeptfotos und weitere Fotos im Innenteil: Amos Schlick, Hamburg
Food-Stylist: Roland Geiselmann, Hamburg
Satz: red.sign, Stuttgart
Satz dieser Ausgabe: Nadine Thiel | kreativsatz, Baldham
Reproduktion: Lithotronic, Frankfurt
Druck und Verarbeitung: Mohn media Mohndruck GmbH, Gütersloh

Printed in Germany

Verlagsgruppe Random House FSC® N001967 Das für dieses Buch verwendete FSC®-zertifizierte Papier *Profisilk* wurde produziert von Sappi Stockstadt.

63928040101